LECTURA VELOZ

Dominio De La Gestión Del Tiempo Por John Korhnak

(Autoayuda Y Desarrollo Personal)

Ganix Baca

Publicado Por Daniel Heath

© **Ganix Baca**

Todos los derechos reservados

Gestión Del Tiempo: Dominio De La Gestión Del Tiempo Por John Korhnak (Autoayuda Y Desarrollo Personal)

ISBN 978-1-989808-82-5

Este documento está orientado a proporcionar información exacta y confiable con respecto al tema y asunto que trata. La publicación se vende con la idea de que el editor no esté obligado a prestar contabilidad, permitida oficialmente, u otros servicios cualificados. Si se necesita asesoramiento, legal o profesional, debería solicitar a una persona con experiencia en la profesión.

Desde una Declaración de Principios aceptada y aprobada tanto por un comité de la American Bar Association (el Colegio de Abogados de Estados Unidos) como por un comité de editores y asociaciones.

No se permite la reproducción, duplicado o transmisión de cualquier parte de este documento en cualquier medio electrónico o formato impreso. Se prohíbe de forma estricta la grabación de esta publicación así como tampoco se permite cualquier almacenamiento de este documento sin permiso escrito del editor. Todos los derechos reservados.

Se establece que la información que contiene este documento es veraz y coherente, ya que cualquier responsabilidad, en términos de falta de atención o de otro tipo, por el uso o abuso de cualquier política, proceso o dirección contenida en este documento será responsabilidad exclusiva y absoluta del lector receptor. Bajo ninguna circunstancia se hará responsable o culpable de forma legal al editor por cualquier reparación, daños o pérdida monetaria debido a la información aquí contenida, ya sea de forma directa o indirectamente.

Los respectivos autores son propietarios de todos los derechos de autor que no están en posesión del editor.

La información aquí contenida se ofrece únicamente con fines informativos y, como tal, es universal. La presentación de la información se realiza sin contrato ni ningún tipo de garantía.

Las marcas registradas utilizadas son sin ningún tipo de consentimiento y la publicación de la marca registrada es sin el permiso o respaldo del propietario de esta. Todas las marcas registradas y demás marcas incluidas en este libro son solo para fines de aclaración y son propiedad de los mismos propietarios, no están afiliadas a este documento.

TABLA DE CONTENIDO

Parte 1 8

Introducción – Una Perspectiva Poco Convencional Del Manejo Del Tiempo 9

Capítulo 1 – Reduciendo Y Eliminando Los Factores Negativos 19

Capítulo 2 – Salud Y Bienestar 27

Capítulo 3 – Productividad 41

Capítulo 4 – Organizar, Planificar, Programar, Priorizar 47

Capítulo 5 – Concentración 54

Capítulo 6 – Motivación Personal, Autodisciplina Y Dedicación 57

Capítulo 7 – Realizando Múltiples Tareas 62

Capítulo 8 – Apalancamiento 66

Repaso 71

Parte 2 77

Introducción 78

¿Por Qué Te Tiene Que Importar La Gestión Del Tiempo? . 80

Haz Esto Solo Cuando Tengas Que Establecer Tus Prioridades 84

Pasos Para Crear Objetivos Alcanzables 87

Crear Un Plan De Acción 89

Los Secretos Para Vencer La Procrastinación 90

Reconoce Que Procrastinas 91

Determina La Causa De Tu Procrastinación 93

Adopta Técnicas De Antiprocrastinación 95

Quizá Estés Organizando Mal Tu Tiempo 97

No Puedes Deshacerte De Las Distracciones Por Completo, Pero Puedes Minimizarlas Con Estos Consejos 101

CORREO ELECTRÓNICO 103
DESORGANIZACIÓN 105
MENSAJERÍA INSTANTÁNEA 107
LLAMADAS TELEFÓNICAS 108
INTERNET 108
OTRAS PERSONAS 111

Cansancio 113

Parte 1

Introducción – Una Perspectiva Poco Convencional del Manejo del Tiempo

Lee docenas de libros y blogs del manejo del tiempo y encontrarás siempre los mismos principios convencionales:
1. Crea una lista de pendientes
2. Prioritiza
3. Evita distracciones
4. No aplaces
5. Lleva un control de tu productividad y de tus actividades diarias

Mientras estas pueden muy ciertas, están casi incompletas y, contadas veces, no tan productivas cuando se hacen de forma incorrecta.

Carecen de ciertos principios fundamentales y subyacentes que lo llevan a preguntarse:

¿Por qué es que, aunque todos tengamos la misma cantidad de minutos en una hora, horas en un día, días en un mes, etc., algunos de nosotros logramos llegar a cabo y completar muchísimo más en el mismo período de tiempo que otros?

¿Por qué solo algunos de nosotros

logramos 'llevar a cabo' lo que se necesita hacer, mientras otros están luchando y siempre parecen estar 'atrasados'?

¿Por qué sólo algunas personas lo realizan con confianza mientras otras personas batallan con sus sentimientos de sentirse abrumado?

Por supuesto, la respuesta es simplemente la diferencia en la forma la persona maneja su tiempo...

El problema radica en que la 'sabiduría convencional' del manejo del tiempo simplemente no funciona. Si funcionará, todos serían excepcionalmente eficientes y siempre productivos, lo cual, por supuesto, la gran mayoría de personas del mundo no lo es.

Así que, la clave es ir más allá de la definición de un libro de texto sobre el manejo del tiempo y aplicar los principios que transcienden las tácticas genéricas, las cuales son las que se suelen encontrar.

Este libro no es tanto de derribar la sabiduría convencional, pero si es de darte ideas claves y guía práctica para llevarte a ser más eficiente con tu tiempo y más efectivo en tus resultados.

Te llevaremos paso por paso a través de conceptos como distracciones, salud, dedicación, centro de atención, acción, ambiente, multitarea, balance e influencia. Algunos de los conceptos compartidos en este libro serán poco convencionales, y quizás inusuales, en su relación con el tema del manejo del tiempo. Sin embargo, si estás leyendo este libro, seguramente te has percatado que lo 'convencional' no te ha ayudado en nada a convertirte más productivo.

Estos principios pueden ser aplicados en cualquier faceta de tu vida : escuela, trabajo; carrera, hogar; vida familiar, pasatiempos y actividades sociales. Y, mientras la cultura y la tecnología pueden cambiar, estos principios son eternos, y no se verán afectados por el cambio.

Puedes comparar el rendimiento del tiempo al rendimiento de un atleta profesional, especialmente, bajo situaciones de mucha presión.

Algunos atletas tienen la capacidad de simplificar todo el juego o partido y analizarlo en piezas pequeñas. Ellos se concentran en el siguiente tiro, movimiento, lanzamiento, swing, golpe, paso, o cualquier otra cosa, en vez de ver el cuadro completo.

Ellos pueden percibir la siguiente acción sin ser distraído por la audiencia, los competidores, o quien este ganando o perdiendo. No se dejan atrapar por la ansiedad del momento, en vez de esto se concentran en mantener la postura y canalizan su adrenalina en la actividad.

Ellos saben que, si logran completar las tareas pequeñas una por una, están en una mejor posición para ganar.

Si le pones atención a un lanzador de cierre en el béisbol profesional; estos, menor conocidos como cerrador, es un lanzador de relevo que se especializa en obtener los outs finales en un juego cerrado cuando su equipo está liderando; los mejores generalmente no se preocupan por el marcador, cuántos hombres están en la base ni a cuál bateador están enfrentando.

Estos cerradores se concentrar en su

siguiente pitch… y, luego en cada subsecuente pitch después de ese, uno por uno. Ellos saben que, si son exitosos en cada pitch individual, todo lo demás se arreglará por sí solo.

Lo mismo es cierto para los mejores golfistas en el mundo. Ellos, por lo general, no tienden a preocuparse en lo que su competencia está haciendo, en vez de eso se concentran en su siguiente drive, en su siguiente golpe de hierro, o en su siguiente putt. Saben que si su próximo tiro es realizado de la mejor forma que le es posible, entonces el siguiente después de ese será mucho más fácil de lidiar.

Por supuesto, el atleta profesional también puede ver 2 o 3 movimientos por el camino, inclusive mucho más como 10 movimientos por el camino - así como un jugador profesional de ajedrez.

De todos modos, el punto es, ellos desmenuzan el juego de una forma simple, en segmentos manejables en los cuales se puedan concentrar y luego completar, así como si estuvieran marcando 'completado' de una lista de pendientes.

Los atletas profesionales exitosos son también capaces de ralentizar todo, su percepción del *tiempo relativo* cambia a medida que lentifican su respiración, ritmo cardíaco y calman cualquier sentimiento de ansiedad, temor o nerviosismo.

El *tiempo actual* pasa al mismo ritmo para todo el mundo en la misma localización. Sin embargo, el *tiempo relativo* está basado solamente en la perspectiva de una persona.

NOTA: Hay pruebas de que el tiempo actual progresa de forma diferente en relación con la gravedad y la altitud. Pero, para propósito del manejo del tiempo, centrémonos solamente en un ambiente consistente.

Cuando un atleta se centra en el siguiente paso y bloquea todas las demás distracciones, y cuando un atleta también se centra en mantener su postura, el tiempo *relativo* parece que pasa más despacio (aunque sea así solamente por fracciones de segundos); de esa forma serán capaces de reaccionar más rápidamente a la situación y el ambiente en el que se encuentran.

Aunque tal vez no seas tan habilidoso en hacer esto tan bien como, por decir, Michael Jordan, Derek Jeter, o Serena Williams, ciertamente puedes aprender el arte de hacerlo y desarrollar la habilidad de lidiar de forma efectiva bajo presión o en situaciones estresantes.

También, justamente ahí hay otra cosa que los mejores atletas profesionales hacen constantemente... *practicar*.

Sea que cuenten con la habilidad innata de su rendimiento (algo físico o mental que se deriva de forma natural desde su infancia o nacimiento), o han tenido que esforzarse mucho para llegar a alcanzar ese pico alto en su rendimiento, TODOS los atletas exitosos han invertido cientos o miles de horas en mejorar sus habilidades.

Ese es uno de los COMPONENTES CLAVES para el manejo del tiempo: NECESITAS practicar, repetir y desarrollar continuamente tu habilidad, no es algo que simplemente acontece.

Aprender proviene no solamente de leer ni de escuchar, proviene de la acción. La única manera que mejorarás tu habilidad de manejar tu tiempo es tomando acción.

Mientras la planificación y la preparación son componentes centrales en desarrollar el manejo del tiempo y la eficacia, no van a tener ninguna relevancia si no se hace algo al respecto. Tienes que tomar acción, ya sea que implique hacer un gran paso o solo uno pequeño, hacia tus metas.

Así mismo, acompañado de tomar acción viene el refrenarse de hacer excusas.

Estar *ocupado* es algo lo cual la mayoría de la gente, de hecho, ya lo está, ya sea por sus hijos, mascotas, diferentes trabajos, pasatiempos, las tareas del hogar, cuidados especiales de algunos familiares, u otras innumerables razones.

Sin embargo, "Estoy ocupado", puede ser utilizado en muchas ocasiones como una excusa, especialmente cuando nos falta motivación.

Algunas de las personas más productivas en el mundo son también las más ocupadas.

Estas personas no hacen excusas, solamente se concentran en alcanzar sus objetivos. Saben que cuentan con una responsabilidad personal de manejar su tiempo de forma efectiva; y ellos saben que no es sólo su ambiente o las personas a su alrededor lo que determina si son o no productivos.

De ahí que, antes de profundizar en los factores que ayudan a crear un mejor manejo del tiempo, vamos a analizar su principal objetivo.

Al final del día, la mayoría queremos mejorar el manejo del tiempo y nuestro rendimiento de forma efectiva, así mismo incrementar nuestras recompensas (o nuestro tiempo de recompensa).

En otras palabras, queremos manejar eficientemente nuestro tiempo para que podamos obtener mejores calificaciones, obtener un ascenso y/o aumentar nuestros ingresos como hemos esperado para, alcanzar nuestras metas, y crear la vida que siempre hemos querido. También queremos incrementar nuestro 'tiempo de juego', lo cual puede traducirse en viajar más, tener más libertad, más tiempo para hacer las actividades que nos gustan, entre otras.

Entonces, nuestro enfoque en el manejo del tiempo es ser más eficientes con el tiempo que tenemos en frente y ser más efectivos en el rendimiento de nuestras tareas y responsabilidades.

Con todos estos puntos en nuestra mente, exploremos primero los factores que afectan de forma negativa en el manejo del tiempo, factores que deberías considerar ir eliminando o reduciendo a medida que avanzas.

Capítulo 1 – Reduciendo y Eliminando los Factores Negativos

Para ser sincero, el mayor obstáculo en el manejo del tiempo eres TÚ. Esto puede venir en forma de pereza, procrastinación, dudar de sí mismo, negación, distracciones, estar ocupado con demasiadas tareas, o alguna otra cosa que se interponga en el camino de lo que quieres o necesitas llevar a cabo.

Tu eres la única cosa más importante que se encuentra en tu propio camino de ser eficiente y eficaz, y, tan pronto te convenzas que ese es el caso, más efectivo te volverás.

Echemos un vistazo a algunos de estos factores y cómo puedes eliminar personalmente el obstáculo:

Asumir demasiadas tareas

Hay una línea muy delgada entre multitareas efectivo (lo cual discutiremos más adelante) y mordiendo más de lo que puedes masticar.

La ambición, aunque es una característica muy positiva cuando se trata de mejorar el éxito y los logros de uno, también puede jugar en nuestra contra cuando perdeos el control.

Aquí es donde necesitas sentirte cómodo diciendo "no".

Cuando realiza demasiadas tareas o actividades a la misma vez, es difícil encontrar un equilibrio y aún más difícil establecer prioridades, especialmente cuando tienen plazos o fechas de vencimiento similares.

Algunas personas tienen la perspectiva de que, para lograr más, tiene que asumir más responsabilidades y deberes. Sin embargo, eso no es necesariamente cierto.

A veces, simplificar lo que está frente tuyo es la mejor manera de lograr más ... en otras palabras, muchas veces, menos es más.

Procrastinación y la pereza

Enfrentémoslo, somos casi todos culpables de la procrastinación en algún momento de nuestras vidas, ya sea con el trabajo escolar, tareas del hogar, tareas de trabajo;

carrera u otra "cosa" que no encontremos muy emocionante o inspiradora.

Hay ocasiones en las que simplemente no podemos molestarnos en levantar un dedo para realizar una tarea o deber que seapesado o aburrido.

Como seres humanos, estamos más motivados por las cosas que estimulan nuestras emociones:

Inspirador, miedo a la pérdida; fracaso, estresante, emocionante, que incita al amor; pasión, frustrante, creando desesperación.

Estas emociones nos impulsan a hacer algo.

Y, los depresores alternativos a nuestras emociones, como el aburrimiento, el desinterés, la monotonía, el resentimiento y el disgusto tienden a ser anti-motivadores.

Para combatir la procrastinación, el primer paso es reconocer cuándo lo estás haciendo. Una vez que puede reconocer tales momentos de procrastinación, puede tomar el control y reducir o eliminar sus efectos perjudiciales.

La ÚNICA solución efectiva para vencer la procrastinación, sin importar cuál sea la emoción que nos provoca la tarea en cuestión es saltar de una vez y HACER algo que sirva para llevarla a cabo.

Tienes que hacerte a cargo de ti mismo y seguir adelante, incluso si eso significa solo dar pasos pequeños hacia sus metas. Póngase en movimiento: es probable que descubra que su impulso aumentará con el tiempo.

Distracciones

Los seres humanos del sigo XXI están mayormente llenos de distracciones: la televisión, el internet, los teléfonos móviles, las tabletas, relojes inteligentes y las bandas de ejercicio, vallas publicitarias y las señales de tránsito, la publicidad en todas partes, el constante flujo de información que nos es enviada en cualquier plataforma, y un zumbido constante de tecnología, energía y civilización zumbando en nuestros oídos.

Muchas veces, estamos sobrecargados de tanta estimulación en nuestros oídos y ojos, que nos resulta difícil desasociarnos del mundo que nos rodea.

Pero, eso es lo que realmente se necesita para eliminar las distracciones y ser más eficaz.

Volviendo al atleta profesional exitoso de la introducción, los atletas más exitosos son capaces de bloquear completamente las distracciones y enfocarse en lo que está inmediatamente delante de ellos.

Discutiremos más la concentración en un capítulo posterior; por ahora, comencemos a eliminar las distracciones que te impide realizar el mejor manejo del tiempo y, por lo tanto, su mejor rendimiento.

Dependiendo de la tarea en cuestión, una forma ALTAMENTE efectiva de eliminar las distracciones es apagar todas las tecnologías que no sean esenciales o relevantes.

Tal vez, necesita su computadora o computadora portátil para realizar la tarea enfrente suyo... pero, ¿necesita su teléfono móvil, que probablemente esté vibrando, sonando o parpadeando constantemente con notificaciones de redes sociales, mensajes de texto, llamadas perdidas, y correos electrónicos? Adquiera el hábito de apagarlo (o, al menos, ponerlo en un cajón del escritorio) durante 30 minutos a una hora en cada ocasión. Es posible que se sorprenda de cuánto más logra cuando no mira el teléfono cada 3-5 minutos para ver si hay una nueva notificación.

Eliminando los efectos negativos del estrés y la ansiedad

Antes de hablar de eliminar estos dos obstáculos (o, al menos, de reducirlos), entienda que, de acuerdo con nuestros instintos primarios que se han desarrollado durante millones de años, nuestros cerebros están programados de tal manera que es difícil empezar a actuar al menos que sintamos algún nivel de estrés o de ansiedad.

Simplemente nos desempeñamos mejor cuando estamos estimulados a actuar (en el aburrimiento e incluso en la felicidad, podemos ponernos letárgicos).

Y, por supuesto, es casi imposible eliminar todo el estrés o la ansiedad en la vida.

Por lo tanto, es prudente poder simplemente manejar nuestras emociones y la forma en que reaccionamos ante el estrés y la ansiedad en nuestras vidas.

Una manera importante (pero, a veces, desafiante) de comenzar este proceso es reconocer cuándo estás pensando o hablando negativamente sobre ti mismo ... luego, elimínalo.

Los pensamientos autodestructivos, como "esto es demasiado difícil para mí", "no puedo hacer esto" y "no soy lo suficientemente bueno", son contraproducentes para ser eficientes y efectivos; y, trabajan en contra del buen manejo del tiempo.

En su lugar, concéntrate en lo que puedes hacer, incluso si eso significa dividir lo que estás haciendo en partes más pequeñas.

Además, recordar lo que has hecho en el pasado: es una forma de animarse a sí mismo de que puedes lograrlo nuevamente.

Además, entender que los planes cambian, que cosas suceden (como distracciones u obstáculos). No seas tan duro contigo mismo cuando demoras un poco más en cumplir tus objetivos. En su lugar, permítelo. Prepárate con tiempo de sobra para realizar la tarea en cuestión con el entendimiento de que te llevará más tiempo de lo que originalmente planeaste.

Y, finalmente, no dejes que la negatividad de los demás te desanime. Las personas en nuestra vida, a veces, pueden decirnos que no podemos hacer algo, que es imposible, o incluso que no somos lo suficientemente buenos. Filtra ese tipo de cosas y no dejes que te afecte.

Cuando llevas el mundo sobre tus hombros, es más difícil avanzar.

Relájate, respira profundamente y concéntrate en el proceso paso a paso para lograr tus metas.

Capítulo 2 – Salud y Bienestar

Es posible que no te des cuenta de esto, pero tu salud y bienestar desempeñan un papel importante en tu capacidad para desempeñarte de manera eficiente y efectiva.

El sueño adecuado, la nutrición y la hidratación son factores importantes que afectan la capacidad de tu cerebro para procesar información y la capacidad de tu cuerpo para realizar las funciones necesarias.

Por lo tanto, es prudente que iniciestu proceso de administración del tiempo asegurándote de que estas cuidando tu salud.

Pero, debido a que eres único, tu equilibrio personal de salud es algo que tendrás que descubrir por ti mismo: algunas personas necesitan dormir más que otras; y, la recomendación dietética para cada persona es diferente.

Dormir y Descansar

Dormir adecuadamente es un factor

importante en la productividad, la eficiencia y la efectividad, así como el pensamiento estratégico, todo esto es relevante para el manejo del tiempo.

Si no cuentas con el sueño adecuado, tu capacidad para planificar y realizar tu trabajo se verá muy reducida en comparación con el nivel óptimo.

De hecho, según WebMd, "la somnolencia puede dañar su juicio, rendimiento en el trabajo, estado de ánimo y seguridad".

Esto también incluye tomar descansos cuando sea necesario. Si le das a tu cuerpo y/o cerebro la oportunidad de descansar y reenfocarse, descubrirás que puede ser mucho más productivo durante sus actividades.

Cuanto menos duermas y descanses, menos tiempo tendrá tu cuerpo y tu cerebro para recuperarse. La peor parte es que esto puede crear un efecto de bola de nieve:

Si estás demasiado cansado, puede llevarte más tiempo realizar las actividades y tareas que tienes pendientes. Cuando tomas más tiempo para realizar estas actividades y tareas, tienes menos tiempo para descansar. Cuanto menos tiempo tenga para descansar, más cansado estarás; y, el ciclo continúa.

En resumen, dormir bien aumenta tu capacidad de atención, concentración, creatividad, toma de decisiones, habilidades sociales y salud física y mental en general.

Por lo tanto, es increíblemente importante asegurarse de tener tiempo para descansar (incluso en forma de pequeños descansos) y tiempo para dormir apropiadamente de forma programada dentro de tus actividades diarias y semanales.

Nutrición e Hidratación

Cuando se trata del manejo del tiempo, garantizar que tu cuerpo reciba el combustible adecuado desempeña un papel importante en su capacidad para elaborar estrategias, planificar y seguir adelante.

De hecho, según un artículo de <u>Harvard Business Review</u>, "la comida tiene un impacto directo en nuestro rendimiento cognitivo, por lo que una mala decisión en el almuerzo puede cambiar el transcurso de toda una tarde".

Recuerda que la buena comida nutre el cuerpo y le da poder a la mente para que sea más fuerte. Esto también incluye la hidratación: asegúrese de consumir suficiente agua (o fluidos en general) para mantener su cuerpo y su cerebro hidratados. También puede buscar alimentos que le permitan a su cerebro y su cuerpo funcionar mejor para las tareas con las cuales tiene que lidiar.

Una mente fuerte es más capaz de crear estrategias (y sobrellevar) con el manejo adecuado del tiempo y ayuda a estimular un rendimiento más eficiente y eficaz.

Una dieta bien balanceada, con las vitaminas adecuadas para el mejor desempeño de tu propio cuerpo es un elemento clave para asegurar que tu mente esté preparada adecuadamente para las actividades de su día.

Esto puede (y debe) incluir bocadillo pequeños y saludables durante todo el día, ya sean verduras frías, galletas o barras saludables, frutas o incluso batidos y bebidas con vitaminas.

Esto también incluye evitar los alimentos poco saludables, el consumo excesivo de azúcar, el consumo de bebidas energéticas no naturales y el consumo excesivo de cafeína (que puede provocar un colapso más tarde en el día).

Hay muchos recursos de nutrición que tienes disponiblesde forma gratuita, o puede consultar con tu médico de preferencia para conocer las mejores alternativas dietéticas en tu caso.

Ejercicio

Ya sea que te guste hacer ejercicio o no, los estudios han demostrado que el ejercicio regular ayuda a estimular la mente para un mejor rendimiento. Las endorfinas y el aumento del flujo sanguíneo ayudan a estimular la función del cuerpo y el cerebro.

Por el contrario, la falta de ejercicio puede provocar depresión y letargo, los cuales son contraproducentes para ser eficaces y eficientes. Una falta prolongada de ejercicio puede llevar a la pereza o la salud (o ambas cosas). Y, a la larga, ninguno de los dos te beneficiará.

Por lo tanto, asegúrese de que está programando algún tipo de ejercicio en su rutina diaria y/o semanal. Y eso no significa necesariamente que tienes que ir al gimnasio o correr una maratón.

Puede ser tan simple como subir las escaleras en lugar de utilizar el ascensor o la escalera mecánica cada día. Puede incluir estacionarse más lejos del edificio, lo que obliga a caminar un poco más hacia la escuela o el trabajo. O, puede significar caminar o tomar una bicicleta en lugar de un automóvil o transporte público.

Sin embargo, puedes incorporar algún tipo de actividad física en tu rutina diaria, lo cual te beneficiará enormemente.

Y, si su rutina ya incluye ejercicio diario, siga así.

Hora del día

En primer lugar, cada ser humano tiene un período óptimo de trabajo en el día. Algunas personas trabajan mejor en las mañanas, otras en la tarde y otras en la tarde y otras inclusive hasta tarde en la noche.

Descubrir tu propio tiempo período óptimo de trabajo te permite programar mejor las tareas que más te interesan.

Si, por ejemplo, trabaja en una oficina de 8:00 am a 5:00 pm, con un descanso de 1 hora para el almuerzo, puedes determinar por ti mismo si trabajas mejor en la mañana o en la tarde.

Si es la mañana, entonces puedes cumplir con las tareas más intensivas antes del almuerzo y puedes programar todas las reuniones, las llamadas y las respuestas por correo electrónico para la tarde. Del mismo modo, si es en la tarde.

En cualquier caso, es mejor *no* programar las actividades menos intensivas, como contestar correos electrónicos básicos y devolver llamadas no esenciales, durante los momentos menos productivos del día.

Entorno y ubicación

Para muchas personas, un lugar de trabajo en el cual desempeñarse no es un factor negociable, así como si fueras un atleta, un artista o un trabajas en algo que cuenta con una ubicación establecida.

Pero, si tienes la oportunidad de cambiar tu lugar de trabajo, podrías ser capaz de descubrir el entorno óptimo, especialmente si puedes cambiar lo que ves y oyes.

Esto puede ser tan simple como mover a otro lugar los objetos que tienes en la oficina para cambiar lo que se ve cuando levantas la vista en tu escritorio. Tal vez, esto significa cambiar la ubicación de tu espacio de trabajo de una habitación a otra. Y esto podría ser tan importante como cambiar tu trabajo por completo a una nueva compañía, ubicación o posición.

Solo tú puedes determinar dónde trabajas mejor. Y, donde trabajas mejor es un factor importante en la eficiencia y la eficacia de tu manejo del tiempo.

Si tienes la oportunidad, intenta mudarte a otra oficina, una sala de conferencias o a una aula vacía para ver si eres más productivo que en tu ubicación actual.

Nuestra mente es estimulada por lo que vemos. Por lo tanto, algo tan simple como colgar un póster o una imagen de uno de sus destinos favoritos, o de un lugar pintoresco (como un paraíso tropical, una isla remota o la cima de una montaña) puede crear una sensación de paz subconsciente cada vez que lo vemos.

De hecho, incluso podrías guardar una imagen en tu bolsillo trasero de algo que te haga sonreír o te alegre; sácalo cuando necesites un poco más de estimulación o inspiración.

Ambiente y Zona de Confort

Este es uno de los elementos más importantes para el manejo del tiempo y la productividad: encontrar tiempo para realizar tus tareas y responsabilidades en tu zona de confort personal.

La zona de confort personal es única para cada una de las personas... no hay una receta única para poder definirla.

Pero, HAY elementos en tu zona de confort que podemosmencionar para ayudarte a descubrir dónde y cómo funciona mejor para ti.

El ruido (o la falta de ruido) puede desempeñar un papel importante en tu entorno ideal.

Algunas personas prefieren tener música

de fondo o escucharla con auriculares.

Otros prefieren el ruido blanco, como el sonido de las olas, las tormentas eléctricas y la lluvia, o simplemente estática. Y otros funcionan mejor en completo silencio.

Si bien esto no siempre es posible, en cualquier momento en que puedas manipular el sonido en tu entorno hasta que está llegue a ser tu zona de confort personal, verás que tu eficiencia y eficacia aumentan. Y, cuando sea posible, programa las tareas y actividades más desafiantes cuando puedas efectuarlas en el momento en que te encuentres en tu entorno ideal con el ruido adecuado para ti.

Deberás determinar bajo tus propios criterios qué elementos, tanto de tu ubicación como de lo que ves y escuchas en el fondo, funcionan mejor para ti.

Toma en consideración que tu zona de confort no se limita al entorno que lo rodea, sino que **también incluye tu estado mental.**

Un entorno ideal es aquel en el que puedes mantener tu mente en un estado de manejo y determinación para lograrlo. Es increíblemente valioso encontrar una manera de mantener tu mente enfocada en las tareas que tienes que atender sin permitir que las distracciones interfieran en llevarlas a cabo.

Cuando pueda estar en un entorno que te brinde tranquilidad mental y te haga sentirte motivado, verás que tu desempeño es mucho más eficiente y eficaz.

Mantén tu cerebro en forma

Los estudios han demostrado que un cerebro más saludable y mejor utilizado puede realizar tareas diarias mejor que un cerebro que nunca ha sido desafiado.

Y, no hay una ciencia exacta para esto ... pero, a medida que alcanzamos la edad de 30 y nos movemos a los 40, 50 y 60, nuestro cerebro, al igual que nuestro cuerpo, no es tan fuerte, tan rápido ni tan agudo como una vez fue.

Por lo tanto, los servicios de entrenamiento mental en línea, comoLumosity, pueden contribuir de forma significativa a tu eficiencia y eficacia en general, así como también a ayudarte a planificar mejor tu manejo del tiempo.

Se han publicado varios estudios sobre la capacidad de un entrenamiento cerebral para mejorar habilidades clave como la memoria de trabajo, la atención visual y la función ejecutiva en personas de diferentes edades y de diferentes orígenes. Se centra en el principio de neuroplasticidad: el cerebro cambia constantemente en respuesta a diversas experiencias.

Nuevos comportamientos, nuevos aprendizajes e incluso cambios ambientales pueden estimular al cerebro a crear nuevas vías neuronales o reorganizar las existentes, y alterar fundamentalmente la forma en que se procesa la información. Esto es exactamente lo que el entrenamiento cerebral pretende lograr:

Procura ayudar a tu cerebro a crear nuevas vías al empujar tus habilidades cognitivas por encima y más allá de tu zona de confort.

Y notarás que, en cuanto más practiques, más capaz será tu cerebro para realizar funciones cognitivas que antes parecían ser un desafío. Es por ello que has logradocrear más vías neuronales y una mejor conexión entre tu cerebro y tus dedos en el teclado.

Aprende cosas nuevas

Al igual que mantener tu cerebro en forma, es importante estimular tu cerebro con nuevos procesos (no solo información nueva).

Ya sea aprendiendo un nuevo idioma, un nuevo juego, un nuevo concepto o una nueva forma de hacer algo familiar, este tipo de estimulación cerebral mantendrá tu cerebro funcionando.

Cuando aprendes algo nuevo, tu cerebro, de hecho, cambia realmente al formarse nuevas conexiones entre las neuronas. Y, en realidad, puede facilitarte la vida en otras áreas.

Estos son algunos de los beneficios que obtienes de aprender algo nuevo:

1. El aprendizaje en una amplia gama de temas puede ayudarte a tener una mejor perspectiva de lo que está inmediatamente frente a suyo.

2. Un conocimiento más amplio puede ayudar a estimular nuevas formas de pensar, desencadenar inspiración, e inclusive, ayudarte a ser más eficiente en las tareas o actividades en cuestión.

3. El aprendizaje puede ayudarte a una mejor adaptación a la situación actual.

Capítulo 3 – Productividad

Comprender tupropio nivel de productividad te ayudará a definir mejor cómo administrar de manera más eficaz tu tiempo.

Tu productividad es simplemente la cantidad de tareas, actividades y acciones que puedes realizar en un período de tiempo, y la forma en que cumples con dichas tareas, actividades y acciones.

Cuando puedas aumentar o mejorar tu productividad, verás que tu carga de trabajo disminuirá, turendimiento aumentará y tendrás la posibilidad de que tus ingresos aumenten.

Hay muchas maneras de aumentar o mejorar tu productividad, las cuales no podremos cubrir en totalidad en este libro. Sin embargo, te presentamos algunas tácticas que pueden ayudarte a ser más productivo.

No pierdas tu tiempo

Por simple que parezca, muchas personas son víctimas de su propia pérdida de tiempo. La cantidad de tiempo que uno pasa revisando y revisando las redes sociales, el correo electrónico, los mensajes de texto y otras influencias de distracción están directamente relacionadas con la productividad de esa persona cada día.

Deja de insistir en los problemas, enfóquese en las soluciones

Una de las mejores maneras de ser más productivo es enfocar tus pensamientos en cómo superar los obstáculos en lugar de reflexionar sobre cómo los obstáculos están interfiriendo con tu productividad.

Cuanto menos tiempo pases preocupado o ansioso por un problema, más tiempo podrás dedicar a resolverlo de manera productiva.

Hay una diferencia entre estar ocupado y ser productivo

Las personas que solo están preocupadas por estar "ocupadas" tienden a enfatizar cuán ocupadas están realmente. Aquellos que son productivos encuentran el tiempo necesario para llevar a cabo las tareas y actividades que necesitan completar.

Las personas que están ocupadas llenan su

agenda con tareas que no necesariamente logran nada significativo y que rara vez trabajan para alcanzar sus objetivos finales.

Las personas productivas toman en consideración si una tarea los llevará hacia su objetivo final, o si se pueden dejarlas de un lado para dedicarse a tareas más importantes.

Mantente productivo y trabaja hacia tus objetivos finales: estar "ocupado" muchas veces solo te impide llegar a la meta.

Practica hasta que se convierta en una segunda naturaleza

El viejo dicho que dice "la práctica hace la perfección", aunque no es del todo cierto, ya que la perfección es imposible, es un concepto básico de productividad que tiene evidencia científica.

Se ha dicho que, para ser un experto en algo, deberías dedicarte a dicho comercio o actividad por aproximadamente 10,000 horas.

De hecho, según Harvard Business Review, "De manera consistente y abrumadora, la evidencia demostró que los expertos siempre se hacen, no es algo con lo que se nace". Y, si bien, ser un perito puede que no seatu objetivo final, la habilidad que tendrás en una actividad se encuentra en el medio de 0-10,000 horas. En otras palabras, cuanto más tiempo pasas practicando, mejor y más competente serás.

Obténrealimentación de persona cualificadas

Obtener comentarios constructivos, e incluso críticas constructivas, de individuos calificados que están familiarizados y experimentados con las tareas o actividades que buscas lograr,es una forma segura de mejorar tu propio rendimiento y productividad.

Entre más cantidad de comentarios productivos puedas obtener, mejor podrásevaluar tu propio desempeño y tomar las acciones necesarias para mejorarlo.

Solo ten en cuenta que buscas un entrenador no un crítico: los comentarios siempre deben ser constructivos, no degradantes.

Si no puedes obtener una respuesta directa de una persona calificada, puedes adoptar un enfoque indirecto:

Compara tus esfuerzos con los de otra persona que realiza la misma actividad (ya sea que lo efectuó o lo está efectuando).

Al analizar factores como el tiempo que se invirtió para completar la tarea, los resultados que se obtuvieron, cuáles fueron los pasos a seguir y la calidad del resultado final, puedes comparar tu desempeño con los de la otra persona y asegurarte de que logras ser lo más eficiente y eficaz posible utilizando tus propios métodos.

Solo asegúrate de no pasar demasiado tiempo comparando tu desempeño con el de otros, y no permitas que los sentimientos de inferioridad (si fuese el caso) afecten de forma negativa tus pensamientos.

Simplemente hazlo

Claro, algunas tareas y actividades requieren de una planificación cuidadosa. Pero, evite quedar atrapado en un bucle de preparación.

En lugar de eso, actúe. Hazlo. Toma el control de la situación y comienza a trabajar hacia la meta.

A veces, es más fácil corregir los errores y las faltas durante el proceso en lugar de pasar una cantidad excesiva de tiempo tratando de ser perfecto.

Capítulo 4 – Organizar, Planificar, Programar, Priorizar

Hay una línea delgada entre el equilibrio adecuado de la organización y planificación y pasarse de la raya con la planificación, lo cual termina desperdiciando su tiempo.

Hay tres objetivos clave para organizar, planificar, priorizar y programar:

1. DEFINIR qué tareas hay que realizar
2. DETERMINAR el orden para realizar estas tareas.
3. CREAR un plan de acción para realizar estas tareas.

Así de simple puede ser esta fase. Cuando se complica demasiado con la priorización o se pasa demasiado tiempo planificando, se puede perder un tiempo valioso en el desempeño real.

Por lo tanto, es importante ser rápido, preciso y eficiente con el proceso.

El primer paso, por supuesto, es definir qué se necesita hacer. Puedes crear una lista, si así lo prefieres, de todas las tareas que debe realizar en el siguiente día, semana o mes.

Asegúrate de no quedar atrapado en solo ser un creador de listas.

A veces, nos sentimos obligados a crear listas de "cosas pendientes" que simplemente nos dicen que hagamos una lista anterior para "cosas pendientes". O bien, podemos dedicar tanto tiempo concentrados en lo que tenemos que hacer que nos quedamos sin tiempo para hacerlo.

Manténgase dentro de lo razonable y permita que la lista viva por sí sola con el tiempo; se ajustará a medida que pasen los días o las semanas, y a medida que se agreguen o realicen más tareas.

El segundo paso es decidir cuáles son apremiantes y urgentes, cuáles son importantes y cuáles se puede hacer en cualquier momento. Organícelas de una manera que tenga sentido: las tareas más urgentes primero, las tareas importantes cerca de la parte superior y todo lo demás cerca de la parte inferior.

Cuando priorice, tómese un momento para crear algunos escenarios de si... o

entonces...
Asegúrese de tener en cuenta lo que significará si no cumple con una tarea determinada de inmediato.

¿Hay algún inconveniente?
¿Hay repercusiones?
O, ¿todo estará bien si te lleva más tiempo completar la tarea?

Cuando pueda sopesar los costos y los beneficios de completar ciertas tareas en un período de tiempo determinado y luego compararlos con otras tareas que deben completarse, tendrá una mejor comprensión de cuáles son los de mayor prioridad.

Luego, decida cuándo y cómo va a realizar estas tareas. Muchas veces, es importante escribir este plan de acción: ya que es algo a lo cual puedes referenciar más adelante, sirve como un recordatorio y tiene como efecto un sentir de decisión en tu mente.

Tu plan de acción puede ser tan simple como una lista de tareas, según el orden en el cual tengan que ser ejecutados, como una lista detallada de cuándo, dónde y cómo llevar a cabo dicha tarea.

También es muy importante que te asegures tener programando el descanso, la nutrición y las recompensas adecuadas durante un período de tiempo para que puedas recuperarte, reponerse y mantener un alto nivel de motivación.

Una vez que tenga el plan de acción (o, 'lista de tareas') en frente, muchas veces la tendencia general es hacer el trabajo más fácil primero y luego trabajar en las tareas más difíciles. Ya que nosotros, como sociedad, generalmente buscamos tener recompensas frecuentemente o gratificaciones, nos gusta marcar las cosas simples de la lista primero, lo cual nos ayuda a sentir que hemos logrado algo al ver que las viñetas se cruzan.

Sin embargo, durante ese mismo proceso, perdemos nuestra capacidad de rendir a nuestro máximo nivel ya que comenzamos a tener cansancio mental y/o físico. Y, cuando es el momento de realizar las tareas más complejas o desafiantes no nos queda nada o nos queda muy poca energía para completarla, empezamos a tener un poco de letargo, lo que nos hace posponer las cosas o simplemente postergarlas para realizarlas en otro momento.

En su lugar, intente hacer lo contrario: aborde las tareas más difíciles cuando tenga la mayor energía y así permitirás que tu día avance en las tareas y responsabilidades que requieren menos esfuerzo a medida que tu energía vaya drenando en el transcurso del día.

Sea ambicioso

Desafíate a ti mismo para lograr ciertas cosas en un período de tiempo. Fuérzate para irmás allá de tus propios límites un poco. Dale la oportunidad a sentir motivación creando un poco de presión para completar tus tareas.

Mantente motivado aplicando un pequeño sentido de urgencia. Y, asegúrese de mantener tu mente estimulada

manteniendo las cosas en movimiento.
Sin embargo...
Asegúrate de ser realista en tu horario.
A veces, la ambición puede ser un poco desenfrenada, y creemos que podemos lograr más de lo que haremos en un día. Asegúrate de darte tiempo para interrupciones, correcciones y obstáculos.

Si bien nuestro objetivo es ser lo más eficiente posible, la mayor parte del tiempo no podremos serlo. Permítelo. Cuando estableces objetivos realistas, tienes una gran posibilidad de lograrlos en el período de tiempo establecido.

Cuando estableces objetivos poco realistas, hay una gran posibilidad de que no puedas completas las tareas que tenías propuestas y, por ende, te sientas decepcionado.

Hay un equilibrio cuidadoso entre un horario saludable y desafiante y quel que está sobrecargado y más bien, abrumador.
Prueba el ejercicio de las dos horas.
El simulacro de dos horas funciona de esta forma:
"Si solo tengo dos horas hoy para lograr

algo o algunas cosas, ¿qué haría y por qué?"

Es posible que te sorprendas de cómo cambian tu orden de prioridades al poner solo un tiempo limitado para realizar las tareas o actividades. Es una excelente manera de verificar tu lista de prioridades.

Sin embargo, ten en cuenta que el simulacro de dos horas no debería consumirte mucho tiempo, solo unos pocos minutos. Por lo tanto, asegúrate de no pasar demasiado tiempo en este proceso de verificación.

Capítulo 5 – Concentración

La concentración es simplemente tu capacidad de mantener la atención y energía en una actividad, meta, objetivo, tarea o idea específica durante un período de tiempo prolongado.

Y, una cosa es segura: puede ELEGIR enfocarse en sus objetivos ... o distraerse con los desafíos y obstáculos.

Puedes dejarte abrumar por el ver el cuadro completo ... o puedes tener la mente enfocada en punto por punto, marcando uno tras otro de la lista de pendientes para lograr el objetivo.

Claro, la mayoría de los entrenadores y gurús de éxito hablan de crear un "tablero de sueños" y de "centrarse en lo que quieres para crear tu propia realidad"; pero, muchos se rehúsan a incluir el paso más práctico (y necesario), el cual es crear y organizar una manera de lograr esa meta paso por paso.

La clave es enfocarse en lo que se necesita hacer con tal de llegar a donde quiere, y no permitir que el, por observar el cuadro completo, te abrume en el proceso.

Y, cuando combinas este enfoque con la acción, te darás cuenta que tu vida realmente comienza a alinearse en la dirección correcta.

Por supuesto, esto probablemente no suceda de la noche a la mañana.

Requiere de práctica; de prueba y error; y, en ocasiones tendremos fallos ocasionalmente que nos servirán para aprender y comprender los próximos pasos que debemos efectuar.

Si te apegas a tu plan personal y te mantienes enfocado, es muy probable que notes el avance que has tenido, y serás mucho más competente creando un plan al cual te puedas apegar de acorde con tu manejo del tiempo.

Otra práctica útil para mantener el enfoque es la visualización. Cuando logras visualizar o imaginar los resultados que de lograr tu (s) objetivo (s), ya sea la recompensa al final, el sentido de logro o el alivio, puede ser más fácil para que mantengas el enfoque en lo que necesitar hacer.

Verte a ti mismo anotando el punto ganador, obtener una calificación alta en un examen o informe escolar, o entregar el justo el resultado que tu jefe estaba esperando en el trabajo puede crear un sentido adicional de concentración y diligencia en las tareas que tienes delante. Y, puedes estimular ese sentido visualizándote después de completada la tarea o actividad que tienes enfrente.

Esto es lo que muchos atletas y artistas exitosos hacen justo antes de actuar: pueden ver el resultado de su propio éxito antes de tiempo y simplemente enfocarse en los pasos para lograr ese resultado.

Este enfoquetambiéntiene el propósito de ocupar tu mente y evitar que las dudas, los temores y las inhibiciones te cohíban.

Cuando pierdes el enfoque, la duda puede comenzar a invadir tus pensamientos ... y, eventualmente, tu rendimiento.

Por lo tanto, es vital que mantengas el enfoque en tus metas, los objetivos a corto y largo plazo, en los resultados finales y, luego, directamente en los pasos que debe seguir para lograrlos.

Capítulo 6 – Motivación personal, Autodisciplina y Dedicación

Para ser sincero, la efectividad con la que planeas administrar tu tiempo carece de sentido sin la motivación y la disciplina correctas para llevarlo a cabo. Si no estás comprometido a los planes para cumplir con los deberes y tareas que tienes pendiente, ni toda la planificación en el mundo hará alguna diferencia.

Por lo tanto, es muy importante mantener y alimentar la motivación personal, la autodisciplina y la dedicación.

Afrontémoslo: somos un mundo de gratificación instantánea. Y, nuestros cerebros ahora están (en su mayoría) predispuestos para la satisfacción inmediata y las recompensas rápidas; gran parte de la culpa se la podemos dar a las redes sociales.

La buena noticia es que hay algunos trucos que puedes implementar para estimular y alentar tu motivación personal cuando carecemos de esta.

Por lo tanto, un pequeño truco que puedes

aplicar es lograr esa necesidad de sentirse gratificado o satisfecho con los pequeños logros.

Por ejemplo, puedes crear mini recompensas para ti mismo al completar una etapa de una tarea o deber. Pueden ser tan simples como un trozo de chocolate al completar una página de un informe escolar o una hoja de cálculo de trabajo, o algo más grande como tomar unas merecidas vacaciones después de completar una importante meta profesional.

No importa qué tan grande o pequeño sea el logro o cuál sea la recompensa (siempre y cuando sea algo que te guste), la clave aquí es simplemente crear un incentivo para continuar cumpliendo con las tareas o deberes que se tienen.

Un poco menos ideal, también podría ser en centrarse en cuál sería el resultado negativo se deja de cumplir con la tarea asignada. Quizás la posibilidad de reprobar una materia en la escuela, perder el empleo u otro evento que afecte tu vida te pueda motivar a completar lo que tienes al frente.

Otro enfoque es ampliando los esfuerzos y la mente al completar algo fuera de lo normal para ti y de tu zona de confort.

Esto no tiene nada que ver con cumplir las tareas que tienes pendientes, más bien, se trata de encontrar un medio que te inspire y revigorice el ambiente en el cual estás, por medio de estimulación emocional, mental y física.

Esto podría ser tan simple como cepillarse los dientes o peinarse el cabello con la mano no dominante. También podría ser más desafiante, como caminar o trotar una distancia mucho más lejos de lo que acostumbras usualmente.

Explora una parte de tu ciudad, pueblo o aldea que nunca has visto. Realiza un corto viaje de fin de semana a un lugar donde nunca has estado. Habla con alguien desconocido en la calle, en el transporte público o en el edificio de su escuela u oficina.

Haz algo que encienda tu adrenalina o haga que la sangre se acelere: ve a ver una película aterradora o emocionante; subir a la cima de una montaña o edificio; asista a un evento deportivo emocionante o a cualquier otra cosa que pueda encender su energía interna.

Todas estas actividades fuera de tu zona de confort personal pueden hacerte sentir adrenalina y endorfinas, las cuales ayudan a revitalizar tu mente y espíritu, y reavivar el fuego que necesita para continuar con las tareas o deberes que tienes a mano.

Tómese el tiempo para reconsiderar y apreciar lo que has logrado hasta este punto.

Una buena manera de mantenerse "en el juego" motivado y con la dedicación requerida es recordar los éxitos que has conseguido en el pasado, especialmente cuando el progreso se ralentiza o conlleva más tiempo del esperado para alcanzar el próximo paso que se tenía previsto.

A veces nos sentimos frustrados o decepcionados por nuestras fallas (o, las que parecen ser fallas), y esto puede reducir nuestro impulso para continuar. Y, esto es cuando es más importante centrarse en lo que se ha logrado y/o lo que puede lograr a continuación.

Cuando te enfocas en tus fracasos, te preparas para tener más fracasos potenciales. De hecho, el que te enfoques en tus fracasos y decepciones puede y hará que pierdas el enfoque en las cosas más importantes, como en cuáles son los próximos pasos y el logro que obtendrás al completarlos.

Capítulo 7 – Realizando múltiples tareas

La multitarea es la capacidad de pensar y realizar múltiples tareas, deberes o acciones al mismo tiempo. Puede que estés familiarizado con la escena de alguien caminando y masticando chicle al mismo tiempo, eso es una forma básica de realizar múltiples tareas.

El problema con la multitarea es que el cerebro consciente no puede concentrarse en una tarea o acción en particular a la vez. Si, mientras el cerebro consciente está enfocado en esta tarea o acción, y el cerebro subconsciente no es capaz de realizar efectivamente la segunda tarea o acción (a veces llamada "memoria muscular"), entonces esencialmente podría tomar más tiempo completar ambas tareas al mismo tiempo de lo que sería completarlas una a la vez.

La multitarea también puede aumentar la probabilidad de faltas o equivocaciones si no se realiza de la forma correcta. Cuando su atención se divide en dos o más direcciones a la vez, existe una mayor probabilidad de que se pasen por alto los detalles, en muchas ocasiones, sin siquiera estar consciente de ello.

Y, se ha demostrado que la multitarea consume energía del cerebro más rápidamente que enfocándose en una tarea o acción a la vez. Por lo tanto, la fatiga puede entrar en juego, frenando su capacidad para funcionar de manera eficiente y efectiva hasta que logres obtener el descanso necesario.

A medida que aprendas más habilidades, tu mente se expande a través de más conexiones entre las neuronas de tu cerebro. Y, a medida que esas conexiones se hacen más fuertes, menos esfuerzo harán al pensar en lo que está haciendo.

Cuanto menos tenga que pensar en lo que está haciendo, más fácil será realizar múltiples tareas.

Un elemento clave para que puedas practicar y entrenar para realizar múltiples tareas de manera efectiva es tomar notas o llevar un registro diario. Toma notas de las ideas que se te vienen a la mente, lo cual te distraerá de lo que esté demandando tu atención en el momento. Y mantén ese registro diario de lo que has completado en comparación con lo que todavía necesita completar.

Estas dos actividades por sí solaste ayudarán a mantener la organización sin quitarle energía cerebral durante el tiempo de desempeño y acción. También te ayudarán a asegurarte de que no estás ignorando o omitiendo ningún paso o detalle.

Adicionalmente, cuando intentes realizar múltiples tareas, haz tu mejor esfuerzo para agrupar las tareas similares y relacionadas (que no tengan ningún conflicto entre sí). Lo cual le ayudará a tu cerebro ano gastar demasiada energía cambiando entre un proceso y otro.

Otra táctica para realizar múltiples tareas es combinar tareas que no usan mucho poder mental. Las tareas que no requieren concentración completa, no son propensas a errores vitales y / o que son relativamente simples le permiten realizar múltiples tareas con el mínimo riesgo de errores o fallas.

También puedes cronometrar tus tareas para que puedas panificar los descansos necesarios entre una tarea y otra.

Pero recuerde que el cerebro y su concentración activa en realidad solo pueden concentrarse en una cosa a la vez.

Por lo tanto, es mejor concentrarse en una tarea por completo, luego pasar a la siguiente y concentrarse en ella completamente, incluso si estás trabajando en ambas en el mismo período de tiempo.

Si cambias de un lado a otro rápidamente, corres el riesgo de cometer errores Y puedes consumir bastante energía cerebral. Por lo tanto, tómate el tiempo suficiente para poder asimilar y mentalizarse en las tareas alternas, y no pongas demasiada presión para lograr mucho, en poco tiempo.

Todo se trata de ser equilibrado.

Capítulo 8 – Apalancamiento

Uno de los elementos clave más importantes para una el manejo del tiempo eficaz y eficiente es el apalancamiento. El apalancamiento significa básicamente hacer mucho con poco para obtener la máxima ventaja.

Cuando puedes combinar, no solo sus propios esfuerzos, sino los esfuerzos de alguien o algo (computadora, máquina, animal, etc.), puedes llegar a otro nivel en tu rendimiento y resultado que no lo hubieras podido hacer solo por tu cuenta.

Tomemos como ejemplo un granjero:

Unagricultortiene un campo grande y le gustaría plantar un cultivo. Antes de plantar, necesita labrarlo para preparar el suelo en el campo

Para hacer esto, pueden usar una azada, arrastrándola durante horas (o, días) caminando arriba y abajo del campo.

Sin embargo, hacerlo a mano no es el método más eficiente, incluso si es eficaz para crear los resultados deseados.

Como alternativa, el agricultor también

podría elegir que un caballo u buey tiren de un arado mucho más grande, lo que reduciría significativamente el tiempo que toma completar el turno. Este método también es efectivo y es mucho más eficiente que arrastrar una pequeña azada. Una tercera alternativa sería usar un tractor con un arado grande en la espalda. Al igual que la segunda alternativa, este método es eficaz y mucho más eficiente que el primero.

Tanto la segundacomo la tercera alternativa se completan mediante el apalancamiento, aprovechando un animal o una máquina que puede hacer mucho más trabajo en un lapso de tiempo más corto que hacerlo a mano.

O, tomemos el escenario de que necesitas mover tus "cosas" de una habitación a otra (ya sea en casa o en el trabajo).

Podrías mover todos los muebles, decoraciones y otros artefactos tú mismo. O bien, puedespedirle ayuda a algún amigo, familiar o compañero de trabajo. Ambos seríanigualmenteefectivos, pero es muy probable que seas mucho más eficiente con la ayuda de otra persona.

Como fue el mismo caso del granjero, quién usó un animal o un tractor para arrar su campo, también estarías utilizando apalancamiento y liberando más de su propio tiempo en el proceso.

En algunas circunstancias, puedes considerar qué tareas pueden ser subcontratadas. Puedes considerar la inversión del tiempo de hacerlo por ti mismo frente la inversión de dinero que implicaría pagarle a alguien para que lo haga por nosotros.

Por supuesto, algunas cosas será mejor hacer las cosas tú mismo, pero muchas veces puedes pagarle a alguien para que haga el trabajo por ti, lo que te dará más tiempo para lograr lo que realmente consideres importante.

Un ejemplo simple de esto sería pagarle a alguien para que corte el césped o limpie tu casa. Otro ejemplo de subcontratación es pagarle a un contratista para que complete un informe, artículo u hoja de cálculo mientras te enfocas en otras tareas y responsabilidades.

Otro ejemplo podría incluir pagarle a alguien para que responda los correos electrónicos y las llamadas telefónicas (como un asistente virtual) para ahorrarle tiempo en filtrar las prioridades.

La subcontratación es una excelente manera de aprovechar tu tiempo, permitiéndote enfocarte en los problemas centrales, mientras que alguien más se encarga de los deberes y tareas menores que ocupan tu tiempo.

Pero, el apalancamiento no solo se limita a la asistencia física de alguien (o algo más). También puedes sacar provecho del conocimiento y la experiencia de otra persona, o incluso la sabiduría colectiva de muchas personas.

A veces, la mejor manera de completar una tarea u organizar tus prioridades es siguiendo el liderazgo de alguien que tenga experiencia en hacerlo. Otras veces, educarse a sí mismo a través del conocimiento de otra persona para así aumentar su eficiencia y eficacia.

Con la cantidad de información disponible hoy (a través de Internet, entre otros lugares) sobre una cantidad aparentemente ilimitada de temas, casi siempre es posible aprovechar el conocimiento y la experiencia de otra persona.

Repaso

Cada hora tiene 60 minutos, cada día tiene 24 horas y cada año tiene 365 días, sin embargo, está claro que algunas personas son mucho más productivas en el mismo período de tiempo que la mayoría del resto del mundo.

Si es como la mayoría del mundo interesado en aprender más sobre el manejo del tiempo, generalmente es porque quiere ser más eficiente con este y más efectivo con sus resultados.

La mejor manera de lograr esto es dar un paso más allá de las lecciones y prácticas convencionales de administración del tiempo y comprender cada uno de los siguientes aspectos:

No existe una talla única para todos

No importa lo que diga la sabiduría convencional o los libros de texto, no hay un método perfecto para administrar el tiempo. Al igual que cada ser humano es único, la percepción del tiempo y los conjuntos de habilidades también son únicos para cada persona.

Por lo tanto, es importante que puedas descubrir tu propio método único del manejo del tiempo basado en una adaptación de lo que has aprendido hoy. Toma el control de tu propia eficiencia y eficacia al encontrar tu propia zona de confort y un entorno óptimo para el rendimiento.

Sé capaz y responsable de tus propios resultados
Asumir la responsabilidad de tus propios resultados y acciones es la mejor manera de ser más eficiente: al aceptar que eres responsable de tus propias acciones (o, en su defecto, de ellas), puedes evaluar mejor lo que puedes y no puedes lograr dentro de un cierto período de tiempo.

La práctica ~~hace la perfección~~ te hace mejor
Aprender el manejo adecuado del tiempo no es un resultado instantáneo. Se require de práctica, diligencia y dedicación.

La práctica nos ayuda a completar una tarea mientras utilizamos menos energía y procesamiento cerebral activos, hace que las acciones sean más automáticas y permite el mejor potencial de la multitarea efectiva.

Con el manejo del tiempo, cuanto más trabajes para perfeccionar un proceso, mientras más repitas estas acciones, mientras más practique, te harás más capaz.

Cuida tu templo
La salud de tu cuerpo - y, más específicamente, de tu cerebro - es un factor vital para que seas eficiente y eficaz en tus actividades.

Haz todo lo posible para garantizar un flujo sanguíneo adecuado, estimulación sensorial, una buena alimentación e hidratación durante todo el día.

Haz ejercicio con regularidad, aprende algo nuevo con frecuencia y participa en ejercicios mentales (como el entrenamiento cerebral) que ayudarán a tu mente a continuar desempeñándose a su máximo potencial.

Asegúrate de obtener el descanso y el sueño recomendados para que tu cuerpo funcione correctamente. Y, tomadescansosregularmente.

Mantente positivo
Evite los pensamientos negativos y evite pensamientos como "No puedo hacer esto" o "No tengo suficiente tiempo".

La negatividad es un gran obstáculo que puede impedirle el desempeño más eficiente y efectivo.

Mantén tu vista en el premio y recuerda mirar atrás y apreciar lo que ya ha logrado.

Mantén tu enfoque
Ya sea en el objetivo final o en los pequeños pasos para llegar allí, concéntrate en lo que más importa: lo que está buscando lograr.

Reduce o elimina las distracciones (incluidos los pensamientos que distraen) siempre que sea posible. Y, haz tu mejor esfuerzo, por no permitir que las cosas que no sean importantes te distraigan.

Utiliza el apalancamiento cuando sea posible
Como cantaron los Beatles una vez, "salgo con la ayuda de mis amigos ..."
Y, aunque puede que no sean tus *amigos*

los que te ayuden, definitivamente quisieron transmitir este mensaje:

En cualquier momento que pueda utilizar la ayuda de otra persona (donde los beneficios superan el costo), ya sea físico, intelectual o emocional, descubrirás que puedes lograr mucho más de lo que puedes por tu propia cuenta.

Mantente motivado

Encuentra la forma de mantenerte "en el juego" cuando percibas que tu ambición y motivación están disminuyendo.

Siempre hay maneras de mantenerte motivado, como recompensarte por pequeños logros, recordarte los éxitos pasados, visualizar el éxito futuro y estimular tu adrenalina a través de actividades interesantes o atractivas.

Encuentre las formas que te funcionen mejor y mantente energizado cuando estés comprometidos con tareas menos emocionantes.

Manténgase productivo, no ocupado

Hay una gran diferencia entre ser productivo y estar ocupado. Concéntrate en tareas, acciones y actividades que te lleven hacia tus metas finales, en lugar de tareas que simplemente ocupan tu tiempo.

Cuanto más productivo seas, mejor podrás aprovechar las horas del día.

En conclusión

El manejo del tiempo comienza y termina contigo, y es tan buena como su implementación.

Toda la planificación en el mundo no hará una diferencia si no hay un seguimiento.

Eres la mejor herramienta para lograr un rendimiento eficiente y efectivo, y eres el mejor activo para administrar tu tiempo.

Parte 2

Introducción

Si tienes dificultades para gestionar tu tiempo, quizá hayas notado que esto puede reducir de forma significativa el rendimiento del día. El problema se basa en que la falta de habilidades para gestionar el tiempo de forma efectiva se ha expandido como un virus mortal a lo largo y ancho del globo. Veinticuatro horas ya no parecen suficientes para un día. No obstante, aquellos que han dominado el arte de la gestión del tiempo parece que acaban muchas más cosas que las personas que van por libre. Piensa en ello. ¿Cuándo fue la última vez que pusiste al día cualquier recordatorio o lista de tareas en tu teléfono móvil y lo cumpliste a rajatabla? Las personas de éxito tienen excepcionales habilidades para gestionar su tiempo.

Una buena gestión del tiempo requiere un cambio significativo en tu centro de atención, que va desde las tareas a los resultados. Después de todo, cuando todo está dicho y hecho, incluso si has tenido el día más ocupado de tu vida, no significa necesariamente que haya sido eficaz. Irónicamente, el resultado contrapuesto suele ser lo más aproximado a la verdad. Una buena gestión del tiempo te permite trabajar de forma más inteligente en lugar de mucho más con la intención de conseguir acabar más trabajo en menos tiempo. Así pues, ¿cómo puedes gestionar mejor tu tiempo?

Este libro contiene consejos útiles que te

ayudarán a gestionar tu tiempo de forma efectiva y obtener los resultados que estás buscando. Después de leer este libro ya no volverás a pensar que 24 horas no son suficientes.

¿Por qué te tiene que importar la gestión del tiempo?

Siempre estamos hablando del control del tiempo pero en realidad no sabes exactamente a qué se refiere. La gestión del tiempo se refiere de forma general a cómo organizas y planeas tu día para realizar actividades específicas. Aunque pueda parecer contradictorio utilizar tu tiempo para aprender a gestionar el tiempo en lugar de usar ese precioso tiempo en ponerte manos a la obra, te sorprenderás de los enormes beneficios que ofrece el aprender sobre la gestión del tiempo. Esto incluye menos estrés, mayor eficiencia y productividad, mejor reputación profesional, más oportunidades para conseguir hitos importantes en tu carrera y en tu vida, así como mayores oportunidades para ascender. De igual forma, algunas de las consecuencias que sufres al no manejar bien tu tiempo incluyen no terminar el trabajo en el plazo señalado, mala calidad del trabajo, flujo de trabajo ineficiente, aumento de los niveles de estrés y una mala reputación profesional. ¿Cuántas veces te das cuenta de que estás perdiendo el tiempo a la hora, al día o a la semana? Para la mayoría de gente, parece que nunca hay suficiente tiempo en un día para terminar todas las tareas. Antes de seguir leyendo, piensa sobre estas cuestiones:

¿Las tareas que realizas durante el día son las más relevantes? ¿Te encuentras a menudo acabando tareas en el último minuto o incluso pidiendo más tiempo para acabarlas? ¿Dedicas parte de tu tiempo a planear y organizar tus actividades?

¿Eres consciente de cuánto tiempo gastas en realizar cada tarea? ¿Cuántas veces te interrumpen en el trabajo? ¿Te marcas objetivos para determinar las tareas en las que debes trabajar? ¿Tienes tiempo para tareas de emergencia en tu horario para controlar cualquier imprevisto?

¿Sabes si lo que haces tiene un valor bajo, medio o alto? Cuando te asignan una nueva tarea, ¿la revisas para saber la

importancia que tiene y le consignas la relevancia adecuada? ¿Estás estresado por compromisos y fechas de entrega? ¿Las distracciones siguen entorpeciendo que trabajes en tareas importantes?

¿Tienes que llevarte a menudo trabajo a casa para poder terminarlo? ¿Sueles confirmar tus prioridades con tu superior? Por otra parte, cuando coges una tarea, ¿te tomas el tiempo de analizar si los resultados compensarán el tiempo invertido?

Si tienes dificultades para responder a estas preguntas, ha llegado la hora que cojas las riendas para saber organizar tu tiempo. En los capítulos siguientes estudiaremos un par de herramientas que pueden ayudarte a manejar tu tiempo con eficacia.

Haz esto solo cuando tengas que establecer tus prioridades

Una de las mayores pérdidas de tiempo en lo que se refiere a la gestión es la de priorizar mal las tareas y no tener un objetivo personal claro. Para gestionar mejor tu tiempo es importante que primero establezcas tus prioridades. No obstante, mucha gente tiende a equivocarse cuando intenta establecer sus objetivos personales. Si estás ganando unos 6€ la hora y te cuesta llegar a fin de mes, tu prioridad debería ser la de conseguir más dinero. Tómate un momento para reflexionar sobre lo que quieres hacer con tu vida. A veces esto requiere que te saques un título en lugar de buscar precipitadamente un segundo trabajo mal remunerado. Por otra parte, si ves que tu trabajo gasta todo el tiempo que te gustaría dedicar a tus hijos, deberías querer tiempo libre ahora mismo, puesto que tus hijos crecerán y se marcharán con el tiempo. Si identificas estos objetivos, serás capaz de tomar decisiones efectivas para utilizar mejor tu tiempo.

Antes de decidir tus objetivos es importante que estudies la situación y revises tus circunstancias personales desde una perspectiva diferente. Establecer objetivos a largo plazo es un motivador excelente. Te ayuda a ver más allá del hoy y te recuerda también que hay un objetivo mayor para el tiempo que estás dedicando a hacer una tarea. Si alguna te parece particularmente tediosa, piensa que acabarla encaja en tus planes mayores. Por otra parte, si te das cuenta de que las tareas que más consumen tu tiempo no sirven para conseguir tus objetivos, querrás quitártelas de encima o al menos reducir al mínimo el tiempo que gastas en ellas. Si tu objetivo a largo plazo es pasar más tiempo con tu familia, concrétalo y establece una fecha para conseguirlo.

Tus objetivos a corto plazo son interdependientes con tus objetivos a largo plazo. Por ejemplo, si decides acabar primero con los proyectos incompletos, necesitarás ser más selectivo con el tipo de encargos que puedes llevar a acabo. Incluso puedes establecer una fecha para dejar de hacer horas extras. Las actividades que realices con tu familia deben ser planeadas sin interrupciones. Establece objetivos claro con pasos bien marcados para conseguir tu objetivo, que es el de pasar más tiempo con tu familia en este caso. Estos objetivos a corto plazo pueden utilizarse para medir tu progreso hacia la consecución de tus objetivos a largo plazo.

Pasos para crear objetivos alcanzables

*Prioriza: Si tienes varios objetivos que quieres conseguir, escríbelos en una lista y establece prioridades.

*Sé positivo: Sé positivo con tu lenguaje. Utiliza palabras como "seré", "haré", etc. Existe un poder oculto en lo que dices. Solo con pensar que no puedes hacer algo, creas una especie de bloqueo mental y tu mente, como es muy obediente, se asegurará de que no puedas hacer esa tarea.

*Sé preciso: Por ejemplo, establece que vas a cenar con tu familia tres noches a la semana en lugar de decir que intentarás llegar a casa más pronto.

*Comprueba tu rendimiento: Calcula tu eficiencia. Establece un tiempo para empezar y acabar un objetivo.

*Sé práctico: Sé práctico con tus objetivos. ¿Tienes todo lo que necesitas para realizar tu trabajo o tienes que depender de otros para cumplir con tus objetivos?

*¿Es personal?: ¿El objetivo que quieres conseguir es un objetivo personal o es el deseo que quiere otra persona para ti?

Crear un plan de acción

Esto tiene mucho que ver con tu horario diario. Puesto que ya has determinado tus objetivos a largo plazo y has establecido las bases, el próximo paso es llevar a cabo un plan de acción con el fin de controlar tu tiempo. Puedes ejecutar tu plan de acción utilizando tus objetivos a corto plazo. Si no pretendes hacer cambios radicales sino eliminar tu estrés diario, te darás cuenta de que el tiempo que utilizas para establecer tus objetivos es suficiente para ordenar tus prioridades. Si quieres volver a centrarte en tus objetivos, necesitarás establecer y anotar una fecha de inicio o de fin para tus objetivos a corto plazo. Escribe las acciones que necesitas realizar en ese periodo de tiempo para percatarte de tu objetivo real. Si sientes que las tareas te abruman demasiado, quizá debas buscar los servicios de un asistente o descomponer las tareas para hacer factible lo que debes hacer.

Los secretos para vencer la procrastinación

Normalmente la procrastinación trata de postergar las tareas que necesitan atención en ese mismo instante, sobre todo para realizar las tareas más cómodas o placenteras en primer lugar. Cuando pospones algo indefinidamente al final acabas gastando mucho más tiempo para hacer esa tarea en otro momento. Si la hubieras hecho en ese momento, gastarías mucho menos tiempo en realizarla. Por ejemplo, si no lavas todos los enseres que utilizas para comer y los dejas para el fin de semana, te encontrarás con que el sábado tienes un montón de platos por lavar y al final no te dará tiempo a acabar o tendrás que emplear mucho tiempo porque se han secado todos los restos y debes utilizar más energía para frotar. Si te decides a lavar ese plato, esa sartén y ese vaso al final de cada comida todos los días, solo utilizarás unos pocos minutos para realizar la tarea y no necesitarás malgastar varias horas de tu precioso tiempo del sábado lavando y fregando. Por suerte, hay varios pasos que puedes tomar para superar este hábito autodestructivo.

Reconoce que procrastinas

Seguramente sabrás cuándo estás procrastinando si eres honesto contigo mismo. Entre los indicadores de la procrastinación se incluyen:

*Tener tareas de baja prioridad al principio de tu lista de tareas

*Leer correos electrónicos varias veces sin llegar a responder

*Sentarte para empezar una tarea urgente pero levantarte casi de inmediato para tomar un café.

*Posponer una tarea de tu lista por un tiempo prolongado, incluso cuando eres consciente de que es importante

*Tener dificultad para decir que no a las tareas sin importancia de otras personas en lugar de utilizar el tiempo para realizar las tareas relevantes que requieren tu tiempo ya

*Esperar al tiempo ideal o a estar con buen estado de ánimo para llevar a cabo una tarea importante

Determina la causa de tu procrastinación

Puede ser a causa de ti mismo o de la tarea en sí. Algunas personas pueden encontrar una tarea específica que deben hacer desagradable, por eso intentan evitarla a toda costa. El problema es que la mayoría de trabajos tiene algún aspecto desagradable o aburrido y la mejor forma de abordarlo es mediante la realización inmediata, para poder concentrarse en los aspectos más agradables del trabajo. Por otra parte, algunas personas son desorganizadas sin más y les cuesta mucho combatir la procrastinación. Sin embargo, si tienes un horario organizado y una lista de tareas, sabrás la relevancia de la tarea y podrás incluso calcular el tiempo que te va a llevar terminarla, y después volverás a la lista de tareas para que no se te haga tarde.

Por otra parte, si eres organizado pero te sientes abrumado por una tarea en cuestión, puede que empieces a dudar sobre si tienes las capacidades y recursos necesarios para completar el encargo, así que acabarás haciendo las tareas con las que te sientes más seguro. Aunque parezca sorprendente, los perfeccionistas son muy procrastinadores y pueden evitar hacer una tarea por miedo a no ser capaces de realizarla de forma perfecta en ese mismo momento. También puedes procrastinar debido a la vaguedad de las decisiones en cumplir tus objetivos. SI no puedes decidir lo que quieres hacer es más probable que evites tomar ninguna decisión en el momento de que algo marche mal.

Adopta técnicas de antiprocrastinación

Puesto que la procrastinación es un hábito profundamente arraigado, no es posible superarlo de la noche a la mañana. Necesitarás centrarte para solucionar este mal hábito día tras día. A continuación te ofrecemos algunos consejos para que empieces a actuar:

*Recompénsate: Por ejemplo, prométete a ti mismo una porción de pastel de chocolate o tu bistec favorito si terminas una tarea determinada antes de la hora de comer.

*Pide a un compañero que te controle: Los grupos de autoayuda utilizan esta técnica, que es archiconocida y muy efectiva para conseguir tus objetivos.

*Determina y reconoce las consecuencias

desagradables de no acabar la tarea.

*Evalúa el coste de tu tiempo para tus jefes: Puesto que tus jefes te están pagando para completes las tareas que ellos piensan que son las más relevantes, si no las estás haciendo, no estás cumpliendo el valor de tu salario.

*Escribe una lista de tareas para evitar que las más abrumadoras o desagradables se pierdan en tu memoria.

*Conviértete en un experto en planear y programar los proyectos para saber cuándo comenzar los proyectos más importantes.

*Establece límite de tiempo para tus objetivos.

*Concéntrate en una tarea a la vez.

*Si un proyecto parece inabarcable,

desmenúzalo en otros más pequeños y manejables.

*Si estás evitando una tarea porque te parece tediosa, ponte a ello y dale una oportunidad. Quizá pueda ocurrir lo contrario a lo que estás esperando.

Quizá estés organizando mal tu tiempo

Hay ciertos días en los que te sientes como si no hubieras hecho nada significativo, aun a pesar de estar hecho polvo por no haber parado en todo el día en la oficina. Con interrupciones frecuentes, reuniones interminables y tareas urgentes es demasiado fácil que ocurra. Puedes estar ocupado todo el día sin progresar en tus objetivos y proyectos prioritarios. Es por eso que debes saber cómo organizar tu tiempo de forma adecuada. Existen varias herramientas que puedes utilizar para programar tu tiempo. Es método más fácil es utilizar un boli y un papel. Otros métodos pueden ser aplicaciones de móvil o programas como Outlook, Google Calendar y Business Calendar. Encuentra la herramienta apropiada que se ajuste a tu bolsillo, a tu gusto personal, a la estructura de tu trabajo actual y a tu situación personal. Una vez que te hayas decidido por una de ellas, organiza el tiempo de esta manera:

*Identifica el tiempo disponible: La mejor opción es empezar con la designación del tiempo de trabajo, es decir, el tiempo que quieres dedicar a tu trabajo. Sin embargo, también dependerá de tus objetivos personales y del trabajo que desempeñes. Por ejemplo, si estás buscando un ascenso, quizá quieras dedicar más tiempo al trabajo para demostrar tu dedicación. Por otra parte, si deseas disfrutar de tiempo libre fuera del trabajo querrás ceñirte a tu horario predeterminado sin modificaciones.

*Organiza las acciones importantes:** Incorpora las tareas que debes hacer categóricamente para hacer un buen trabajo. Por ejemplo, si eres director, asegúrate de que dedicas bastante tiempo para lidiar con los problemas personales de los miembros de tu equipo, su supervisión y sus necesidades de instrucción.

*Apunta las tareas prioritarias:** Revisa tu lista de tareas y reorganízala para incluir las actividades más urgentes y prioritarias, incluyendo las tareas de mantenimiento esencial que no pueden ser evitadas ni delegadas en otra persona. Realiza estas tareas en el momento del día en el que eres más productivo.

*Añade un tiempo para contingencias: Incorpora tiempo extra en tu horario para lidiar con las emergencias y contingencias. Puedes saber por tus experiencias anteriores cuánto tiempo necesitas.

*Apunta tu tiempo libre: El espacio extra que dejas en tu horario es el tiempo disponible para conseguir tus objetivos y pensar en tus prioridades. Revisa tus objetivos personales y escribe una lista con tus prioridades, analiza el tiempo que necesitas para conseguirlos y cuádralo con el resto de tu tiempo.

***Analiza tus tareas:** Si te das cuenta de que apenas tienes tiempo para tus actividades personales tras haber organizado tu tiempo, vuelve a los pasos anteriores y determina si todas las tareas escritas son absolutamente necesarias. Puedes percatarte de que algunas tareas se pueden hacer de forma más efectiva o incluso pueden delegarse en otras personas.

No puedes deshacerte de las distracciones por completo, pero puedes minimizarlas con estos consejos

Si eres como la mayoría de los trabajadores de oficina, lo más probable es que te distraigan de tu trabajo todos los días con llamadas urgentes o correos electrónicos. Internet se ha convertido en una de las mayores distracciones de la oficina, sin mencionar los compañeros parlanchines o lo que no paran de enviar mensajes. No importa dónde trabajes, puesto que seguramente tendrás que vértelas con todo tipo de distracciones que pueden llegar a ser muy costosas. Además, cuesta varios minutos volver a concentrarse después de que te hayan distraído. Si aprendes a minimizar las distracciones, incrementarás de forma asombrosa tu efectividad y tu productividad, al mismo tiempo que reducirás tus niveles de estrés. A continuación te presentamos algunas de las distracciones más comunes y cómo evitarlas:

Correo electrónico

El correo electrónico puede ser increíblemente útil, pero también se ha convertido en una de las mayores distracciones del momento. Así pues, ¿cómo puedes asegurarte de que no te distraen los correos electrónicos?

***Concédeles su tiempo:** Establece tiempos específicos del día para mirar y responder a los correos. Por ejemplo, cuando empieces a trabajar, durante la comida o justo antes de marcharte.

***Comprueba cuándo eres menos productivo:** Existen ciertos momentos del día en los que eres más productivo y otros en los que no te apetece hacer nada. Algunas personas trabajan mejor a altas horas de la noche y otras lo hacen por la mañana. Comprueba tu bandeja de correo durante ese tiempo de distracción y guarda tus mejores horas para el trabajo más creativo y prioritario.

Convierte tu correo en una acción: Si un correo electrónico te lleva más de unos cuantos minutos para responder, añádelo a tu lista de tareas como una acción que llevar a cabo.

Cierra el gestor de correo cuando no lo utilices: O, al menos, apaga las alertas visuales o sonoras que te distraen.

Desorganización

Una oficina o un despacho desorganizados pueden distraerte con mucha facilidad. Cuando tu espacio de trabajo está desorganizado es muy difícil que puedas pensar y organizar un plan de forma efectiva; de ahí la importancia de tener el despacho y la casa organizados. A continuación te mostramos cómo puedes conseguirlo:

***Organización lógica:** Identifica todo el trabajo que debes realizar, asigna un espacio amplio y crea una zona para cada tarea, agrupando las tareas relevantes como corresponde. Por ejemplo, tu zona de trabajo debe incluir un despacho y una silla, una papelera y una impresora mientras que tu zona de referencia puede tener archivadores, estanterías y revistas profesionales.

*Elimina el papel: Establece un sistema de gestión de documentos para eliminar los papeles de tu escritorio. Haz una lista con todos los tipos de documentos que utilizas como informes, facturas o albaranes y asígnales un espacio de almacenaje para cada grupo.

*Las cosas pequeñas: Encuentra un lugar al alcance de la mano para dejar las cosas pequeñas como clips, bolis o instrumentos que utilices a menudo. Puede ser en un cajón o encima del escritorio, pero un organizador con muchos compartimentos debe estar al alcance de la mano.

*Utiliza las paredes: Cuelga un tablón en la pared para organizar la información que quieres recordar como peticiones de empleados, notas o facturas.

*Electrónica: Ahorrarás espacio si apilas los aparatos electrónicos uno encima de otro, pero utiliza unos separadores para evitar que se recalienten. Cuando sea posible utiliza aparatos sin cables y desata solo los cables de los aparatos que estés utilizando para que no molesten.

Mensajería instantánea

Aunque la mensajería instantánea puede ser útil, muchos compañeros pueden utilizarla para interrumpirte sin tener que levantarse de sus respectivos despachos. Si tienes que utilizar este tipo de mensajería, hazlo para hacer preguntas rápidas. Sin embargo, si aun así te parece que te distrae mucho, considera dedicarle un tiempo específico del día para estar disponible. Cuando no quieres que te molesten, utiliza el estado "ocupado" o desconéctate por completo.

Llamadas telefónicas

Solo porque esté sonando el teléfono no quiere decir necesariamente que tengas que responder, sobre todo cuando estás concentrado en algo importante. Si es posible, apaga el móvil durante las horas laborales que eres más productivo para minimizar las distracciones. También puedes informar a tu equipo de que no vas a atender llamadas durante unas horas determinadas del día.

Internet

Navegar por Internet puede robarte una cantidad de tiempo considerable. Cuando empiezas a mirar una cosa en Internet, puede llevarte fácilmente veinte minutos o más. ¿Cómo puedes asegurarte de que no te pasas todo el día enganchado a Internet sin hacer nada productivo?

*Lee las noticias antes de empezar el día: Lee los periódicos o visita las páginas web de noticias antes de empezar a trabajar para evitar distraerte durante el día. Asegúrate de dedicarle un tiempo específico a esta tarea para no distraerte con facilidad.

*Cierra el navegador cuando no lo estés utilizando: Sin embargo, si herramientas como Twitter suponen una fuente necesaria de información para tu trabajo, puedes revisarlas en varias horas específicas del día.

*Utiliza aplicaciones como Anti-Social o

Freedom para minimizar las distracciones: Con estas aplicaciones puedes especificar los sitios web que quieres bloquear y por cuánto tiempo.

*Tómate descansos breves para mirar Internet: Hacer pequeñas pausas después de un trabajo intensivo puede ser útil para descansar la mente porque te da la oportunidad de renovar tus energías.

Otras personas

Tus compañeros de trabajo pueden convertirse en una gran fuente de distracciones, por lo que necesitarás tomar ciertas acciones para evitarlo.

*Cierra la puerta para evitar que se paren al pasar: Si es necesario coloca un cartel en la puerta y hazle saber a la gente que no te moleste cuando tienes la puerta cerrada, a menos que sea una emergencia.

*Utiliza auriculares: Si trabajas en una oficina abierta o en un cubículo, es menos probable que te interrumpan si llevas puestos unos cascos, aunque no estés escuchando música.

*Habla con la persona que te interrumpe: Si hay alguien en tu oficina que te interrumpe constantemente por nimiedades, habla con la persona sobre los problemas que te causan esas interrupciones. Te puede sorprender saber que la persona no lo hace con malas intenciones y ni siquiera se da cuenta de que te está distrayendo.

Cansancio

Ir a trabajar cuando has descansado bien es una parte esencial para tener un día productivo.

*Mantente hidratado: Cuando estás deshidratado porque no has bebido suficiente agua, puede que no pienses con mucha claridad.

*Duerme lo suficiente: Cuando no duermes al menos ocho horas diarias y vas a trabajar cansado, es más probable que te distraigas.

*Ve a pasear: Si te sientes exhausto por el trabajo, levántate y sal a caminar. Mover tu cuerpo y tomar el aire fresco puede proporcionarte más energía y mantenerte despierto.

*Cuida tu dieta: Los alimentos que comes

también pueden afectar al cansancio. Evita comidas pesadas y toma aperitivos pequeños y saludables a lo largo del día.

Conclusión

La gestión del tiempo es un serio problema del siglo veintiuno, sobre todo ahora que los avances tecnológicos nos ha vuelto disponibles las veinticuatro horas del día. De esta forma puede uno abrumarse con facilidad por la cantidad de trabajo, y algunas veces incluso se solapan tu vida laboral con tu vida personal. Hay personas que incluso se llevan el trabajo a casa y pasan mucho menos tiempo con la familia. Si es tu caso, ya va siendo hora de que empieces a gestionar tu tiempo de forma efectiva. Establece las prioridades del día y escríbelas en un horario. Esto te ayudará a analizar el trabajo que se debe hacer, cuándo y durante cuánto tiempo. También te dará la oportunidad de dejarte espacio para concentrarte en tus propósitos personales, pasar tiempo con tu familia, dormir las horas suficientes e incluso hacer ejercicio.

Por último, antes de que te marches, ¡quería darte las gracias desde lo más profundo de mi corazón! Soy consciente de que hay muchos libros electrónicos disponibles y que has decidido comprar el mío, por lo que te estaré eternamente agradecido. ¡Un millón de gracias por leer este libro hasta el final!

¡Si has leído este libro, necesito tu ayuda!

Por favor, tómate un momento para escribir una reseña de este libro después de haber acabado esta página.

Tu valiosa reseña me permitirá seguir escribiendo libros que te ayudarán en el camino de la vida. Y si te ha gustado, házmelo saber.

www.ingramcontent.com/pod-product-compliance
Lightning Source LLC
Chambersburg PA
CBHW052207090526
44583CB00016BA/1789